1　はじめに

　Linux の**ターミナル**（Terminal, 端末）で様々な操
繰り返すことがあります．また，条件によって操作が変わることがあり~~ます~~．~~～～～~~
作を繰り返す際，手作業でコマンドを入力し直すのは面倒ではないでしょうか．条件によっ
て操作が変わる場合などは，人間の目で確認していると間違える恐れがあります．

　そこで本書は，『Linux 入門の入門』で Linux のコマンドを使いこなせるレベルに達した
方を対象に，Linux のシェルスクリプトを活用する方法を紹介します．Linux コマンドを 1
行ずつ入力して処理してもいいですが，同じような処理ならば一括して**シェルスクリプト**と
して記述し，ファイルに保存して実行したほうが手間が省けて間違いも少なくなるでしょ
う．特に条件分岐や繰り返しなどを行う時，シェルスクリプトは重宝します．

　シェルスクリプトを利用して一括処理を行うには C 言語などのプログラミングのような
考え方が必要ですが，変数の定義やポインタなど難しいことを考える必要はありません．広
く使われている言語ですと Perl，Python，Ruby のような，スクリプト言語のように手軽
に使えるものです．

　Linux のシェルスクリプトに関する本も，Linux のコマンドに関する本と同様に様々な
ものが出版されていますが，詳しく書かれているためにページ数が多く，持ち歩くには不便
です．電子書籍版ですと携帯は楽ですが．いずれにせよ一冊数千円します．また，「入門」
という割には使う可能性の低い文法を紹介している本もあります．一方，インターネット上
にも Linux に関する様々な解説はありますが，どのような環境で動作するのかという説明
が抜けていたり，注意点が省略されていたりします．

　そこで，『Linux 入門の入門』と同様に，「Linux のシェルスクリプトを，ポイントを押さ
えて最小限だけ説明する」持ち歩ける，入門のための入門書を目指して執筆してみました．
単にスクリプトの書き方を列挙するだけでなく，その前提となる考え方や，いくつかの応用
例，注意すべき点などを挙げています．書店で販売されている他の本よりもずっと安価です
ので，もしシェルスクリプトを実際に操作していて気になった所があれば，余白に自由にメ
モしてもいいでしょう[*1]．まずはシェルスクリプトを使いこなして，Linux のコマンド実行
の負荷を減らしてみましょう．プログラミングの経験者ならば，シェルスクリプトを使いこ
なすのも容易と思われます．

　本書ではターミナルで用いるインターフェイスプログラムであるコマンドシェル（以下，
シェルと略します）として，Bash (Bourne-again shell) を用いることにします[*2]．Bash は
Linux で広く使われているほか，macOS のターミナルでも使われています．Windows10
や Windows Server 上で Linux のバイナリ実行ファイルを実行するための互換レイヤーで
ある，Windows Subsystem for Linux (WSL) でも利用されています．Linux などで設定

[*1] ボロボロ，ぐちゃぐちゃになったら，新たに買っていただけると幸いです．

[*2] シェルには他に Bounce shell (sh) やそれらから派生した Almquist Shell (ash)，zsh，C 言
語風のスタイルである C shell (csh) やその改良版の tcsh などがあります．Bash は sh から
派生しています．

を変更して Bash 以外のシェルを用いている場合には，Bash がインストールされていれば後述の方法で Bash に向けたシェルスクリプトを実行できるようになります.

　本書ではターミナルで入力するコマンド，スクリプトで記述する内容は，フォントを変えています. 1 と l，0 と O と o などを間違えないよう，以下のように記すことにします.

数字：0123456789

ローマ字の大文字：ABCDEFGHITJKLMOPQRSTUVWXYZ

ローマ字の小文字：abcdefghijklmnopqrstuvwxyz

記号：< > | . , : ; + - _ * / ~ @ ' " # $ % & ( ) { } ^ \

　[Ctrl] が現れた場合，例えば [Ctrl]-c と記したところは，コントロール (control) キーを押しながら c キーを押してください. ↵はエンターキーを表します. ターミナルで入力待ちの時に表示される $ は$とは区別して記しています. ターミナルで実行するのか，あるいはシェルスクリプトとして記述するのかを区別するためです. 本文でコマンド実行の際にエンターキーの入力が必要なところは ↵を記していますが，一部省略しているところがありますので，入力しても反応が無い場合はエンターキーを入力するなど，適宜操作をお願いします.

　(filename) や (directory name)，(command) などのように斜字で書かれているところは，具体的に操作する際のファイル名，ディレクトリ名，コマンドなどを入力して下さい. 数字の代わりにローマ字を斜字で書いているところもあります. その場合は適宜，数字であることを明記しています.

2　シェルスクリプトを書く前に

2.1　環境設定の大事なファイル

　シェルスクリプトを実行する際に，大事なファイルがあります. これらのファイルの取扱いを工夫すればよりよい実行環境を最初から用意できますが，記述を間違えるとどうにもならなくなるので，変更する際はバックアップを必ず取っておいてください.

　以下のファイルは，ユーザのホームディレクトリにあります.

　.bash_profile は，システムにログインするたびに読み込まれる環境設定のファイルです. システムでは共通の環境として，/etc/profile が設定ファイルとして実行されますが，.bash_profile は個別のアカウントで環境設定のために実行されます.

　.bashrc は，コマンドラインで新たなターミナルを開いた時に読み込まれるファイルです. こちらも/etc/bashrc などに共通環境のファイルとして保存されており，ユーザ個別の環境を設定するために各々のホームディレクトリにあります.

　.bash_logout は，ログインシェルの終了時に読み込まれて実行される環境設定のファイルです. ファイルが存在しなければ，ログアウト時に何も実行されません.

2.2 変数の取り扱い

同じような処理を繰り返したり，条件によって処理を分岐したりする前に，変数の取扱いについて述べておきます．C などのプログラミング言語と同様に，変数に数値や文字列を代入できます．

Bash ではローマ字の大文字，小文字，数字，アンダースコア（_）が使えます．ただし，先頭の文字に数字は使えません．

また，誤ってコマンドや予約語という特別な意味を持つ単語などを変数として使わないように，確認しておくと安全です．type というコマンドを使うことで，コマンドなどであるかどうかなどの種別を表示して確認できます．例えば ls はファイルやディレクトリの一覧を表示するコマンドです．以下は実行例です．

```
$ type ls ↵
ls は 'ls -color=auto' のエイリアスです
```

このように，もしコマンドなどであると分かれば，使わないことにしましょう．もしコマンドなどでなければ，例として以下のように表示されます．

```
$ type aaa ↵
-bash:  type:  aaa:  見つかりません
```

シェルスクリプトでは，C のように変数に型宣言をする必要はありませんが，何も宣言しないと変数は文字列を扱うことになります．

```
x=hoge
```

とすると，x という変数に文字列 hoge が代入されます．代入の時に注意しなければならないのは，等号の前後にスペースを入れてはならないことです．プログラミングの経験者ですと，記述の見栄えをよくするためにスペースを入れたくなるかもしれませんが，スペースを入れるとエラーになってしまいます．

変数には数字を代入しようとしても文字列として認識されるので，

```
y=100
```

と入力しても，y には 100 という文字列が代入されます．数値として扱い，計算する方法は後述します．

それでは，変数の中身を出力するにはどうすればいいでしょうか．シェルスクリプトでは，echo というコマンドがターミナルに表示をさせるコマンドです．

```
echo x
```

とすると，x という文字が表示されるだけです．

```
echo "$x"
```

と，変数の前に $ を付け加えダブルクオーテーション (") で挟むと，変数の中身が表示さ

れます[*3].

　配列を使用することもできます．こちらも型や配列のサイズを宣言せずに使用できます．

```
Array[100]=100
```

とすると，0 番から 99 番を飛ばして，いきなり 100 番の配列に文字列を代入できます．配列の中身を取り出すときは，

```
${Array[100]}
```

のように，中かっこ{}で配列の成分を囲む必要があります．

　配列に一度に値を代入する場合には，

```
Array=(0 1 2 3 4)
```

のように空白で区切って，並べて代入できます．配列の末尾に文字列を追加するには

```
Array=("${Array[@]}" 5 6)
```

あるいは

```
Array+=(5 6)
```

のように記述します．

　配列の中身を全て取り出すには

```
"${Array[@]}"
```

のようにアットマーク @ を引数に記します．

```
${#Array[*]}
```

のように # を配列の変数名の前に付けると，配列の要素数を返します．

　変数を開放するには

```
unset x
unset Array
```

のように unset を実行します．配列の場合は引数を指定すれば，各々の要素を開放できます．

2.3　特別な変数

　シェルでは，あらかじめ定義されている特別な変数があります．特別な変数を通常の変数と同じように扱い，数値や文字列を代入すると，システムの動作に不具合を起こすので注意してください．

　[*3] ダブルクオーテーションで挟まなくても動作はしますが，変数に空白を含む場合には，空白で処理の区切りとみなして，空白以降の文字列を次の処理と認識し誤動作をする恐れがあります．

特別な変数を誤って使わないようにするには，特別な変数の一覧を表示するコマンドを使う方法があります．

```
$ set ↵
```

ただし，変数が非常に多い上，設定されている値（文字列）が非常に長いものもあるので，確認するにはパイプを使って

```
$ set | less ↵
```

のように less コマンドを併用するなどした方がいいでしょう．

個々の変数について確認したければ，

```
$ echo "$xxx" ↵
```

のようなコマンドを実行して，変数 xxx に値や文字列が既に定義されていないかどうか確認する方法が有用です[*4]．

以下では，特別な変数のうち重要なものを取り上げることにします．

2.3.1 履歴に関係する変数

シェルでは，以前に実行したコマンドの履歴が保存されています．このコマンドの履歴に関する変数を挙げておきます．

表 1 履歴に関する変数

変数名	内容
HISTCMD	現在のコマンドの履歴番号を示します．
HISTFILE	コマンド履歴が保存されるファイルを示します．
HISTFILESIZE	コマンド履歴で保存されるコマンドラインの最大数を示します．
HISTSIZE	コマンド履歴に記録するコマンドの最大数を示します．

2.3.2 コマンド検索に関する変数

標準的なコマンドは，どのディレクトリであっても実行できます．これは，PATH という変数に実行可能ファイルが保存されているディレクトリのパスが指定されているからです．

```
$ echo "$PATH" ↵
```

[*4] 変数 xxx に echo コマンドのオプションに相当する文字列が含まれている場合，オプションが有効になって想定した動作をしない恐れがあります．その場合，

```
$ printf "%s\n" "$xxx" ↵
```

を使ってください．

このコマンドを実行すると，どのディレクトリのコマンド（実行ファイル）を探索して実行するかが表示されます．一例として，以下のような実行結果が表示されます．

```
/bin:/usr/bin:/usr/local/bin
```

例えば ls コマンドを実行したとすると，システムは /bin ディレクトリを探索し，次に /usr/bin ディレクトリを探索します．PATH の中身を誤って書き換えると，コマンドが実行できなくなるので十分注意してください．

一方で，新たにインストールしたプログラムが今まで PATH 変数で指定されていなかった場合には追記することが出来ます．例えば /opt/bin に新しいプログラムがインストールされたならば，

```
$ PATH=$PATH:/opt/bin ⏎
```

を実行すればいいわけです．$PATH で今までの設定を再帰的に呼び出し，コロンで区切った後のディレクトリを追加することになります．その後，

```
$ export PATH ⏎
```

を実行すると，パスが再設定されます．$PATH を書き忘れると /opt/bin ディレクトリだけを探索するようになり，標準的なコマンドが使えなくなってしまいます．また，PATH 変数では記述した順にディレクトリを探索します．自分のホームディレクトリを指定するのもいいですが，ホームディレクトリは最後に指定するようにしてください．標準的なコマンドと同名の悪意ある実行可能なプログラムを，クラッカーがダウンロードさせるように仕向ける事があります．罠に引っかかって自分のホームディレクトリにダウンロードした後，コマンドを実行したつもりが悪意あるプログラムを実行してしまうという問題を起こしてしまいます．

変更した PATH 変数については，前述の .bashrc などに export コマンドと共に記述しておけば，毎回ログインするたびに変更が反映されるようになります．

2.3.3　プロンプトに関する変数

ターミナルで利用者の入力待ちを表すのが**プロンプト**ですが，プロンプトの書式を表す変数も定義されています．

PS1 は通常のシェルにおけるプロンプトの書式を表す変数です．PS1 が

```
[\u@\h \W]\$
```

のように定義されているとします．利用者のログイン ID が taro，ホスト名が pc1，作業ディレクトリが work だった場合には

```
[taro@pc1 work]$
```

のようにプロンプトが表示されます．プロンプトを自分の好きなように変更したい場合には，PS1 の内容を再定義すればいいでしょう．作業ディレクトリのように状況によって内容が変わるものを表示したい場合には，プロンプト変数のコマンドを使います．ここではプロンプトの書式の詳細については省略します．

PS2 はターミナルで入力したコマンドが未完成の場合に，入力を継続することを促すために表示されるプロンプトです．

PS3 はシェルスクリプトの実行時に表示されるプロンプトです．使い方は後で説明します．

2.3.4　その他の変数

ターミナルの操作などに関する変数です．これらは PATH とは異なり，特に変更する必要はないでしょう．HOME は後述のシェルスクリプトで絶対パスを現わす際に有用になるでしょうから，変更しないことをお勧めします．LINENO は，シェルスクリプトが想定通りに動かない時に，誤りを直す（デバッグ）の際によく使われます．

表 2　その他の変数

変数名	内容
HOME	ホームディレクトリを示します．
BASH	実行中のシェルのパスを示します．
BASH_VERSION	実行中のシェルのバージョン情報を示します．
PWD	現在のディレクトリを示します．
OLDPWD	最後に cd コマンドを実行する前のディレクトリを示します．
LANG	使用している環境の言語（ロケール）を示します．
LINENO	現在実行しているシェルスクリプトの行番号を示します．
IFS	シェルの区切り文字を指定します．

最後の IFS が分かりにくいかと思います．シェルスクリプトでキーボードやファイルから入力を受け付ける時，文字列を分割して複数の入力とします．その時に使われる区切り文字が何かという情報を示します．通常はスペース，タブ，改行が使われます．

では，区切り文字はどう設定されているでしょうか．試しに変数の中身を表示するコマンドを実行してみます．

```
$ echo "$IFS" ⏎
```

これでは何も表示されません．スペース，タブ，改行は画面に表示されないからです．そこで，表示される文字を 8 進数に変換し，さらに上記の区切り文字で使われる，制御文字といわれる文字を名前で出力するようにします．すると，以下のような結果が表示されるでしょう．

```
$ echo "$IFS" | od -a ⏎
0000000 sp ht nl nl
0000004
```

sp はスペース，ht はタブ，nl は改行です．echo コマンドは表示の後に改行を行うため，nl が 2 つ並んで表示されています．

2.4 位置パラメータ

シェルスクリプトの変数で重要なものの一つは，**位置パラメータ**という特殊な組み込み変数です．スクリプトを実行する時に，位置パラメータはコマンドラインで入力された値（引数）を位置によって判別し，保持します．

位置パラメータは$0，$1，$2，$3，....　というように，$ の後の数字で位置を指し示します．順番の区切りはスペースでなされます．0 番は実行したスクリプトの名前になりますので，通常は 1 番から利用します．

例として以下のようなスクリプトを考えます．

```
─────────── hello.sh ───────────
echo "$@"
echo "$1 $2 $3"
echo "$# words"
```

スクリプトには実行権限を付けなければなりません．chmod コマンドで実行権限を付与した後，引数を付けてスクリプトを実行します．

```
$ ./hello.sh Hello world
```

実行すると，1 番には Hello，2 番には world が格納されます．$@ は 0 番以外の全ての**位置パラメータ**を意味します．$# は位置パラメータの数です．

実行結果は以下の通りです．

```
─────────── hello.sh の実行結果 ───────────
Hello world!
Hello world!
2 words.
```

もし，入力される引数が 4 つ以上の場合には，hello.sh の 2 行目では 3 個しか引数を表示できないので，2 行目は最初の 3 つの引数だけを表示します．

2.5 コマンド置換

もし，あるディレクトリに存在する全ファイル名を抽出し，シェルスクリプトで何らかの処理をしなければならないとしたら，どのような方法が考えられるでしょうか．ls コマンドを使う事で，ファイル名の一覧を表示することはできます．ls コマンドの実行結果を入力として，シェルスクリプトで処理できると非常に便利です．この方法を**コマンド置換**といいます．

コマンド置換は以下の方法で行います．

```
$(<command>)
```

コマンドを実行すると，標準出力（画面に出力されるもの）を値として返すことになります．例としてホームディレクトリのファイル名一覧でしたら，以下のようなものが挙げられるでしょう．この場合にはディレクトリも含めて出力されるので，さらにオプションを付けたり，パイプを使って分別したりしてください．

```
$(ls $HOME)
```

2.6 変数の演算

例として，

```
x=abc
y=def
```

というように代入し，z を abcdef という文字列にしたい場合を考えます．

```
z=x+y
```

とすると，z には x+y という文字列が代入されてしまい，失敗です．変数の中身を繋がなければなりません．

```
z=$x+$y
```

とすればよさそうですが，結果は abc+def になります．実は文字列を繋ぐ場合には，

```
z=$x$y
```

とスペースを開けずに繋げるだけです．

それでは，数値を扱うにはどうすればいいでしょうか．

```
x=100
y=200
```

として，z に x と y の和を代入したい場合，前の節で述べたように $ という文字を使って変数の中身を取り出します．実は書式が少し複雑です．

```
z=$((x+y))
```

のように，$を先頭に付けて，計算したい式を二重にかっこで囲みます．これで z には計算結果の 300 が代入されます．

シェルスクリプトでは，基本的に整数の演算しか扱えません．例として以下のようなスクリプトを考えます．

──── 1234.sh ────

```
x=1.2
y=3.4
z=$((x*y))
```

9

このスクリプトで z を計算しようとすると，構文エラーになります．どうしてもシェルスクリプトで小数計算を行いたい場合には，任意精度で計算を扱える bc というプログラムと組み合わせて行います．

```
x=1.2
y=3.4
echo "$x+$y" | bc
```

以上のように記述すれば，足し算の結果の 4.6 が表示されます．でも，あくまで補助的な使い方なので，小数の計算を多用する方は別のスクリプト言語を使うなど考えた方がいいでしょう．

四則演算に関して，以下のような演算子やかっこが使えます．整数演算なので，商も整数です．注意点は，$ を先頭に付けて計算したい式全体を二重にかっこで囲むことです．

表 3 計算で使う演算子

演算子	内容
$((a+b))	a と b の和
$((a-b))	a と b の差
$((a*b))	a と b の積
$((a**b))	a の b 乗
$((a/b))	a を b で割った商
$((a%b))	a を b で割った余り

シェルスクリプトで扱える値の大きさには制限があります．32 ビット OS でしたら 32 ビット，64 ビット OS でしたら 64 ビットです．ただし，OS では**補数表現**という，2 進数で表した時の最上位ビットは正負の符号を表すような表現を用いますので，実際には正負の範囲で利用できる整数が制限されます．具体的には 32 ビット OS の場合には -2^{31}〜$2^{31}-1$，64 ビット OS の場合には -2^{63}〜$2^{63}-1$ になります．

2.7 シェルスクリプトを実行する前に

シェルスクリプトはテキスト形式で作成します．C や C++ などとは異なり，コンパイルせずに逐次処理を行ないます．このため，作成したシェルスクリプトには実行権限を与えなければなりません．chmod コマンドで実行権限を付与します．例えば作成したユーザのみに実行権限を与える場合は，コマンドラインで以下を実行します．

$ chmod u+x (*filename*) ↵

それから，シェルスクリプトの 1 行目に以下のような記述をしておくといいでしょう．

```
#!/bin/bash
```

#!の後には bash の実行ファイルの位置を絶対パスで記述します．このように記述しておくと，2 行目以降のシェルスクリプトは bash で実行するという事を設定することになります．もしターミナルで bash 以外のシェルを利用している場合には，本書のシェルスクリプトを実行しても想定した通りの動作をしなかったり，エラーを出力したりします．シェルスクリプトを実行する時だけ，シェルを bash に変更するようになります．

もし Windows で作成したシェルスクリプトを Linux などへ転送して使う場合には，改行コードにご注意ください．Windows では改行コードとして CR+LF という記号で表されるものが使われます．一方，Linux などでは LF という記号で表されるものとなっています．Windows で作成したシェルスクリプトを Linux などへ転送した場合には，前者の改行コードを表す \r \n を，後者を表す \n へ変換することが必要になることがあります．

3 正規表現

3.1 はじめに

シェルスクリプトを使う上で，非常に便利なものが正規表現です．文字列の集合を一つの文字列にまとめることが出来ます．例えば同じようなファイル名のファイルに対し，一括処理を行う場合に重宝します．

ところが，正規表現と称するものの記法には，様々な『方言』があります．各種のスクリプト言語によって文法がまちまちであるばかりでなく，同じ文字を全く違う意味で使う場合もあります．本書では Linux の Bash を基準にします[*5]．Perl などの他のスクリプト言語では本書の記述では動作しなかったり，想定していない動作をすることがありますのでご注意ください．

正規表現には**基本正規表現**と**拡張正規表現**があります[*6]．両者の違いは，例えば文字列を検索するコマンドである grep において，そのままですと基本正規表現しか扱えませんが，grep -E のようにオプションを付けたり，あるいは拡張された grep である egrep を使うと拡張正規表現を扱えるようになります．

3.2 1 文字に適合するもの

例えば *file1, file2, ..., file9* という 9 個のファイルに対する処理を行いたいと考えます．ファイル名で異なるのは末尾の数字だけです．そして，同じディレクトリに類似した名前のファイル（例えば *file0*）があるとします．このような場合に使う正規表現は，以下の通りです．基本正規表現と拡張正規表現で書式は同じです．
`file[1-9]`
[] は，[] の中に含まれるいずれかの 1 文字を表します．そして 1-9 という範囲を指定し

[*5] 検証環境として，CentOS7, Ubuntu 18.04 の Bash バージョン 4 を用いています．
[*6] この他にも単純正規表現というものがありますが，後方互換のために残されており将来は廃止され得るので，特に知る必要はないでしょう．

11

ているので，1 から 9 のいずれかが含まれるものを指し示します．[123456789] と書いて
もいいのですが，長くなるので範囲指定で省略できます．[] のような文字を指し示す特別な
記号を**メタ文字**といいます．

表4　1 文字を指定するメタ文字

メタ文字	内容
.	任意の 1 文字
[]	[] の中に含まれるいずれかの 1 文字
[^]	[] の中に含まれないいずれかの 1 文字

　この中で特に [] をうまく使いこなせば，シェルスクリプトによる処理は大幅に効率化で
きます．数字以外でも **[A-Z]** とすればローマ字の大文字のいずれか 1 文字を指定しますし，
[A-Za-z] とすればローマ字の大文字と小文字のいずれか 1 文字を指定します．後者のよう
に，含まれる 1 文字について複数の範囲を一緒に指定することもできます[*7]．
　さらに表 5 のような範囲指定もできます．これらを範囲指定する時はさらに [] で囲まな
ければなりません．例えばローマ字と 10 進数の数字を指定したい場合には [[:alnum:]]
のように表します．このような書式は POSIX のキャラクタクラスとよばれています．

表5　POSIX のキャラクタクラス

クラス名	内容
[:alpha:]	ローマ字
[:upper:]	ローマ字の大文字
[:lower:]	ローマ字の小文字
[:alnum:]	ローマ字と 10 進数の数字
[:digit:]	10 進数の数字
[:xdigit:]	16 進数の数字
[:punct:]	句読点
[:graph:]	印字可能かつ表示可能な（空白でない）文字
[:print:]	印字可能な文字（制御文字以外の文字）
[:blank:]	スペース，タブなどの空白
[:space:]	スペース，タブ，改ページ
[:cntrl:]	制御文字

[*7] 本書ではローマ字と数字を範囲指定する例を出しましたが，他言語の文字を範囲指定する際は注
意が必要です．例えば日本語のひらがなが必ずしも 50 音順ではなく，濁点のないひらがなの範
囲を選んだ場合でも濁点が入るものが含まれることがあります．

3.3 位置に適合するもの

ファイル名などの先頭や末尾が一致するものだけを選びたいときに使います．例えば先ほどの例ですと，ファイル名の最初が *file* で始まるものだけを選びたいとします．その場合には，*file* の前に ^ を付けます．grep と組み合わせて

```
$ ls | grep ^file ⏎
```

のようにすれば，ls で表示されるディレクトリやファイルなどの中で，先頭が file で始まるものだけが表示されます．

基本正規表現と拡張正規表現で書式は同じです．末尾の場合は，一致させたい文字列の最後に $ を付けます．

表 6　位置を指定するメタ文字

メタ文字	内容
^	先頭
$	末尾

3.4 繰り返しを指定するメタ文字

ファイル名などに何か意味を持たせるつもりで，同じ文字を繰り返しつけるようなことがあるかもしれません．ファイル名ではありませんが，LaTeX の章立ては section, subsection, subsubsection というようなコマンドが使われています．例としてこのようなファイル名がついていたとして，ls コマンドで subsection, subsubsection だけを表示したい場合の（基本）正規表現の例を示します．

```
$ ls | grep "\(sub\)\+section" ⏎
```

ここで \(\) は，かっこでくくった文字列を一グループとして扱う指定です．また，\+ は，直前の文字（あるいは文字のグループ）を 1 回以上繰り返すことを示します．拡張正規表現を使うと，もう少しすっきり書けます．

```
$ ls | grep -E "(sub)+section" ⏎
```

これらは基本正規表現と拡張正規表現で文法が異なりますので，併記することにします．

3.5 メタ文字を扱う場合

さて，メタ文字そのものを該当させる場合にはどうすればいいのでしょうか．実は\を該当させたいメタ文字の前に付ければいいのです．例えば [を該当させたい場合には\[とすれ

表 7 繰り返しを指定するメタ文字

基本正規表現	拡張正規表現	内容
\(abc\)	(abc)	abc をグループ化し一文字扱いします
*	*	直前の文字が無いか，繰り返すことを示します
\?	?	直前の文字が無いか，1 個だけあることを示します
\+	+	直前の文字が 1 回以上繰り返すことを示します
\{n\}	{n}	直前の文字を n 回繰り返します
\{m, n\}	{m, n}	直前の文字を m 回以上 n 回以下繰り返します
abc \\| def	abc | def	abc か def のいずれかを示します

ばいいわけです．バックスラッシュを該当させたい場合には\\と二つ続けてください．

4 文字や数値の変換

4.1 大文字と小文字の変換

　ローマ字で大文字と小文字が混在する時に，一方に揃えようという方法です．簡単な例として，引数として記述された文字を変換することを考えます．まずは全てを大文字に変換する方法です．

```
echo $1^^
```

　次に全てを小文字に変換する方法です．

```
echo $1,,
```

4.2 文字列の置換・反転

　変数に格納された文字列の置換を行います．例として文字列が格納された変数名が $hoge$ だとして，変数の中の a を bc に置き換えたい場合には以下の ようにします．

```
echo ${hoge/a/bc}
```

スラッシュで挟まれた部分が一致するパターンの文字列，右側が置換したい文字列を表します．パターンには正規表現のメタ文字も使えます[8]．
　反転は `rev` コマンドを組み合わせます．置換の場合と同様に，文字列が格納された変数名が $hoge$ だとします．

---

[8] 文字列の置換に関しては，`sed` コマンドを使うとより詳細な処理ができますが，本書では省略します．

14

```
echo "hoge" | rev
```

4.3　進数の変換

人間が日常的に扱うのは 10 進数ですが，コンピュータでは 2 進数や 16 進数，場合によっては 8 進数を扱うことがあります．これらの変換について見てみます．

まず，10 進数から他の進数への変換は簡単です．

```
echo "obase= n; $1" |bc
```

上記のように記述します．n はどの進数にしたいかを示すもので，2 や 16 などを記述してください．シェルスクリプトを実行する時に，引数として 10 進数を記述すれば変換されます．

逆は少し複雑です．2 進数の場合は以下のようになります．

```
echo $((2#$1))
```

ここでもシェルスクリプトを実行する時，引数として 2 進数をそのまま記述します．0 と 1 以外の数字を記述するとエラーになります．

16 進数の場合は，大文字に変換しないと実行されません．このため，多少の工夫が必要です．前述の大文字に変換する方法を使います．

```
echo $((16#$1^^))
```

ここで引数として 16 進数を記述します．

5　演算子

5.1　はじめに

条件分岐の前に，演算子について説明します．プログラミング言語の場合と同様に，値の大小に関して真偽を返す演算子があります．シェルスクリプトの演算子はそれだけではありません．ファイル属性に関する演算子もあります．ファイルに関する演算子を活用することで，シェルスクリプトの適用範囲が大いに広がると考えられます．

5.2　値に関する演算子

C 言語と類似して，変数の値を 1 ずつ増やしたり減らしたりできます．

- $((i++))：i を 1 増やします
- $((i-))：i を 1 減らします

ビットシフト（2 進数で桁をずらす場合）

- $((a«n))：a を 2^n 倍します
- $((a»n))：a を 2^{-n} 倍します

比較演算子も使えます. 成り立つ (真) ならば 1, 成り立たない (偽) ならば 0 になります.

表 8　比較演算子

演算子	内容
$((a==b))	a と b が等しいです
$((a!=b))	a と b が等しくありません
$((a<b))	a が b より小さいです
$((a<=b))	a が b 以下です
$((a>b))	a が b より大きいです
$((a=>b))	a が b 以上です

比較演算子を組み合わせる場合は以下のようにします.
- $((a==b && c==d)): a=b かつ c=d であるかどうか判定します.（AND）
- $((a==b || c==d)): a=b または c=d であるかどうか判定します.（OR）

2 進数の論理演算であるビット演算もできますが, やや高度になるので省略します.

5.3　文字列に関する演算子

文字列に関しても演算子が使えます. 文字列の場合は値と違って大小関係がつけられませんので, 比較できるものは限られます. $str1 と $str2 は, 文字列が格納された変数の中身を表すものとみて下さい.

表 9　文字列に関する比較演算子

演算子	内容
"$str1" = "$str2"	$str1 と $str2 が一致します.
"$str1" != "$str2"	$str1 と $str2 が一致しません.
-n "$str1"	$str1 が空っぽ (0 バイト) ではありません.
-z "$str1"	$str1 が空っぽ (0 バイト) です.

ここでの注意点は, 文字列の一致を比較する演算子は = が 1 個だけであることです. 値の比較の時は = が 2 個でした. また, = や != の前後にはスペースを必ず入れてください. もし入れ忘れると, いずれも条件を満たすと判定してしまいます. 変数への代入の際にはスペースが不要でした. 紛らわしいのでご注意ください.

それから, 変数の文字列が空っぽかどうかを比較演算子で調べることについてですが, 非常に意味があります. シェルスクリプトで入出力ファイル名やディレクトリパスを指定する

時に，文字列を代入する予定の変数を使うことを考えます．シェルスクリプトの実行者が変数に入出力ファイル名などの文字列を代入していれば，それを利用して処理を行い，空っぽであれば前もってシェルスクリプト内で決めてあった標準設定を代入して処理を行います[*9]．

5.4 ファイルに関する演算子

最後にファイルに関する演算子を取り上げます．1 つのファイルに関する演算子と，2 つのファイルに関する演算子があります．主なものを挙げます．

表 10 ファイルに関する 1 項演算子

演算子	内容
-a (*filename*)	*filename* が存在します．
-d (*filename*)	*filename* というディレクトリが存在します
-f (*filename*)	*filename* というディレクトリなどではないファイルが存在します．
-s (*filename*)	*filename* が存在し，空ではありません．
-r (*filename*)	*filename* が存在し，読み取り権限が与えられています．
-w (*filename*)	*filename* が存在し，書き込み権限が与えられています．
-x (*filename*)	*filename* が存在し，実行権限が与えられています．

表 11 ファイルに関する 2 項演算子

演算子	内容
(*filename1*) -nt (*filename2*)	*filename1* は *filename2* よりも変更時刻が新しいです．
(*filename1*) -ot (*filename2*)	*filename1* は *filename2* よりも変更時刻が古いです．

6 入出力処理

6.1 はじめに

シェルスクリプト実行を便利にする方法の一つは，入出力の制御です．『Linux 入門の入門』ではパイプ処理という，一つ目のコマンドの出力結果を二つ目のコマンドの入力とするという方法を紹介しました．ここではさらにいろいろな設定を紹介します．

[*9] Linux についてやや使い込んでいる方ならば、ソースファイルからプログラムをコンパイルする時に、configure でインストール先のディレクトリなどを指定することを考えてみてください．

まずはキーボードからの入力について見てみます．次に入出力をキーボードや端末ではなく，ファイルなどに切り替える設定を見てみます．このような設定を**リダイレクタ**といいます．ターミナルに出力される結果（標準出力）をファイルに出力したり，ファイルから入力したりできると，処理が大幅に効率化できるでしょう．

6.2　キーボードからの入力

シェルスクリプト実行時に，キーボードからの入力を受け付け，その内容を基に処理を行うことがあります．その場合に用いるのが read 文です．

非常に単純な例を示します．

```
read val
echo $val
```

この例では val という変数の入力をキーボードから受け付け，入力された内容をターミナルに表示するというものです[*10]．このシェルスクリプトを他の人が利用する場合には，入力を促すようなメッセージを入力待ちの前に表示したほうがいいでしょう．

```
echo -n ' 文字を入力しエンターキーを押してください． ' read val
echo $val
```

複数の変数に値を入力したい場合には，read の後に変数を並べます．

```
read val1 val2 val3
```

これで val1, val2, val3 に値が読み込まれます．入力の時はスペースで区切ってください．1 つ目の値を入力してエンターキーを押すと，val1 にだけ値が格納され，val2, val3 は空のまま次の処理に進みます．

read 文でたとえ数値を入力しても，文字列として扱われることに注意が必要です．数値として演算処理を行いたい場合は，前述の説明をご覧ください．

read 文のオプションを示しておきます．

キーボードからの入力を受け付けることで対話式のシェルスクリプトを作成できますが，悪意ある人に利用されると不適切な入力によりシステムの情報を抜き取られるなど**セキュリティ上の問題が生じある可能性があります**ので，シェルスクリプトを配布する際は，不適切な入力を無効化するなどの対策をご検討ください．

6.3　ターミナルへの出力

前の章でもたびたび出ている echo 文ですが，ターミナルへの出力で使います．通常は出力後に改行しますが，

[*10] 変数 *val* に echo コマンドのオプションに相当する文字が入力された場合に備えるには，echo コマンドを printf コマンドに置き換える方法があります．

表 12 read 文のオプション

オプション	内容
-a (*val*)	*val* という配列に値が読み込まれます.
-d	複数の値の入力を行う際に, セパレータを指定します.
-n (*n*)	*n* 文字だけ読み取ります.
-p (*message*)	文字入力を受け付けるプロンプトの前に, *message* が表示されます.
-r	バックスラッシュ (\) も読み込みます.
-t (*n*)	キー入力を *n* 秒間待機し, 終了します.

```
echo -n foo
```
のように -n というオプションを付けると, 改行をしなくなります. この他にも, 出力結果にコントロールキーと別の文字キーを組み合わせたものを出力させたり, タブを入れたりすることもできますが, C 言語でおなじみの printf 文の方がより多様な出力表現をできるでしょう.

C 言語と書式が若干異なります. 例えば整数型変数 a, 浮動小数点型変数 b, 文字列型変数 str があった場合, C 言語の場合には
```
printf("%d %f %s", a, b, str);
```
のように記述しますが, シェルスクリプトの場合には
```
printf "%d %f %s" $a $b $str
```
のようにかっこやカンマが不要になります. フォーマット指定や改行指定は C 言語と非常に類似しているので, 詳細は C 言語の資料をご覧ください.

6.4 簡単なファイル入出力

数多くのデータを扱う場合, キーボード入力では大変面倒です. シェルスクリプトの引数として入力をするのではなく, ファイルから入力を行ったり, あるいはターミナルに出力される内容をファイルに出力する方法を示します. 誤って必要なファイルへ上書きしないよう, bash では上書き禁止の設定ができます. コマンドは
```
set -C
```
あるいは
```
set -o noclobber
```
です. これを実行すると上書き禁止になりますが, リダイレクタが >| の場合には強制上書きされます. 上書き禁止状態を解くには, 以下のコマンドを実行します.
```
set +C
```

表 13 入出力のリダイレクタ

リダイレクタ	内容
(*command1*) | (*command2*)	*command1* の出力結果を *command2* の入力とします.
> (*filename*)	標準出力を *filename* に出力します. 既に *filename* が存在する場合には上書きします.
» (*filename*)	標準出力を *filename* に出力します. 既に *filename* が存在する場合には追記します.
>| (*filename*)	標準出力を *filename* に出力します. 既に *filename* が存在する場合には, 上書き禁止でも強制上書きします.
< (*filename*)	*filename* から入力します.
<> (*filename*)	*filename* から入力し, かつ標準出力を出力します.

6.5 ファイルデスクリプタを使う入出力

次に少々複雑ですが, ファイルデスクリプタという考え方を説明します. 単純にいえばシステムのプロセスに関連付けられたデータの流れです. 通常は3つ用意され, 番号が割り振られます. 標準入力が0, 標準出力が1, 標準エラーが2です. もしあるプロセスでファイル入出力のためにファイルを開くと, 3以降の番号が割り振られます.

ファイルデスクリプタを意識した処理として, サーバプログラムのように, あるプログラムの動作状況を示すログファイルが出力される場合を考えます. 1つのログファイルに全ての動作状況を記録したいのに, 正常動作の標準出力と異常動作の標準エラーが別々のファイルに記録されていると, どの時点でエラーが発生したのか解析が面倒になります. このため, 標準出力と標準エラーをまとめて出力することがあります.

表 14 で, n は $0, 1, 2, \cdots$ だと考えてください.

6.6 出力を消す方法

シェルスクリプトで何でもかんでも出力をさせていると, ターミナルがあっという間にスクロールしてしまい, 必要な情報を見落としてしまいます. ファイルに出力する場合でも, 後からたどるのが大変ですし, ハードディスクなどを不必要に占拠してしまいます. そこで, 特別なファイルに対する出力を行います.

Linux などでは /dev/null という特別なファイルがあります. ここに出力すると, どこにも書き込まれることがなくデータが消えます. 例えば, `hoge.sh` というシェルスクリプトを実行した時, 異常動作の時のエラー出力を消したい場合には以下のようにします.

表 14 ファイルデスクリプタを使う入出力のリダイレクタ

リダイレクタ	内容
n> (filename)	ファイルデスクリプタ n を filename に出力します.
	既に filename が存在する場合には上書きします.
n» (filename)	標準出力を filename に出力します.
	既に filename が存在する場合には追記します.
n>| (filename)	ファイルデスクリプタ n を filename に強制します.
n< (filename)	ファイルデスクリプタ n として filename を設定します.
n> (filename)	ファイルデスクリプタ n を filename に切り替えます.
n<> (filename)	filename から入力し,かつ標準出力を出力します.
n>&	標準出力をファイルデスクリプタ n に複製します.
n<&	標準入力をファイルデスクリプタ n から複製します.

```
hoge.sh 2> /dev/null
```

2 と不等号の間にスペースを入れてはいけません. このように実行することで, 異常動作の実行エラーの記録は消去されます. 異常動作の原因を追及する場合でなければ, 上記の設定が大変有用です.

7 繰り返し処理

シェルスクリプトを使った繰り返し処理を説明します. C などとの対比で分かりやすいものは for を使ったものです.

7.1 for による繰り返し処理

for を用いた文法は以下の通りです.

──────── for 文の文法 ────────

```
for 繰り返しの条件; do
    繰り返し処理
done
```

繰り返しの条件の記述は, C の場合とよく似ています. 例えば i=0 を初期値とし, i が 10 未満の場合に繰り返すならば以下のようにします.

21

```
―――――――――― 0 ≤ i < 10 で繰り返し ――――――――――

for ((i=0; i<10; i++)) ; do
    繰り返し処理
done
```

　繰り返しの条件でかっこが二重になることに注意です．少し特殊な例としては，繰り返しの条件で扱う変数 i の取り方が，C の場合よりも多様であることです．例えば 10 以下の素数の場合に繰り返し処理をする場合には，繰り返し処理の中で i が素数であるかどうかを判定する必要はありません．

```
―――――――――― 10 以下の素数の場合だけ繰り返し ――――――――――

for i in 2 3 5 7 ; do
    繰り返し処理
done
```

　上記のように，in の後に i に代入したい値を列記すればいいのです．
　配列に値を入れているならば，以下のようになります．例えば Array という配列の変数の場合には，以下のようにします．

```
―――――――――― 配列を使う for 文 ――――――――――

for i in "${Array[@]}" ; do
    繰り返し処理
done
```

　場合によっては，ファイルに列記した値を使った処理をしたい場合があるかもしれません．ファイル data.txt にある値を用いる場合には以下のようにします．

```
―――――――――― ファイルを使う for 文 ――――――――――

for i in $(cat data.txt) ; do
    繰り返し処理
done
```

　in の後で cat コマンドを用いて，ファイルの中身を取り出し，i に代入していきます．
　コマンドラインでスクリプトの後に指定した値（引数）を用いる場合には，引数を条件に使います．

```
―――――――――― 引数を使う for 文 ――――――――――

for i in "$@"; do
    繰り返し処理
done
```

　この場合には引数を変えることで，多様な処理ができます．
　さて，簡単な応用例として，利用している環境で扱える整数の範囲を調べることが for 文

を使えば容易にできます．以下のように，ひたすら2を掛けるシェルスクリプトを実行すると，最後の方で負の値が表示され，最終的に0が表示されるでしょう．これは2進数表示で1桁だけに存在する1を左へ1ビットずつずらし，最終的に定義域からはみ出すことを意味します．

―――――――― 2の冪乗の計算例 ――――――――

```
a=1
for ((i=0; i<64; i++)); do
    a=$((a*2));
    echo $a
done
```

7.2 while による繰り返し処理

プログラミング言語と同様に while 文による繰り返し処理もできます．

―――――――― while 文の文法 ――――――――

```
while [ 繰り返しの条件 ]; do
    繰り返し処理
done
```

ファイルからデータを読み込む場合に，ファイルの終わりまで繰り返すとします．例として，data.txt というファイルの中身を一行ずつ line という変数に読み込み，処理を行います．不等号 < の意味については，前述の通りです．

―――――――― ファイル読み込みを伴う while 文の例 ――――――――

```
while read line; do
    繰り返し処理
done < data.txt
```

while 文で無限ループを作る必要がある場合には，セミコロンを記述すればいいです．

―――――――― while の無限ループ ――――――――

```
while :
    繰り返し処理
done
```

繰り返し処理の中で後述する終了する条件文をつけておくか，あるいは主導で Ctrl -c を入力することで無限ループは終了します．

23

7.3 until による繰り返し処理

while と似ている繰り返し処理が until 文です．while 文は「条件が満たされている間」繰り返し処理を行います．一方で until 文は「条件が満たされるまで」繰り返し処理を行います．

━━━━━ until 文の文法 ━━━━━

```
until [ 繰り返しが終わる条件 ]; do
    繰り返し処理
done
```

このため，until 文の「繰り返しが終わる条件」に否定演算子 ! を付加して while 文の条件の部分を置き換えると，同じ動作をすることになります．

8 条件による分岐処理

8.1 if 文による条件分岐

シェルスクリプトで，条件に応じて分岐処理を行う場合によく用いられるのが if 文です．

━━━━━ if 文の文法 ━━━━━

```
if [ 条件式 ]; then
    真の場合の処理
else
    偽の場合の処理
fi
```

条件式は [と] で囲みます[11]．条件式の前後はスペースを入れます．分岐処理の最後には fi をつけます．偽の場合の処理がなければ，else 以降は省略可能です．

条件で複雑なのが，不等号の扱いです．不等号ではなく文字列を用います．

- $a -lt $b ：a が b より小さい
- $a -le $b ：a が b 以下である
- $a -gt $b ：a が b より大きい
- $a -ge $b ：a が b 以上である

---

[11] [は単なる記号ではなく，if 文で使われるコマンドです．[と] の代わりに
if test 条件式; then
という test コマンドでも同じ動作をしますが，見た目がわかりやすいので [と] を使うことをおすすめします．

AND や OR の場合の `&&` や `||` も条件式で使えます．各々の条件式を四角いかっこで区切ってください．以下は，「a は b 以上，かつ b は c 以上である」という条件式です．

```
if [ $a -ge $b ] && [ $b -ge $c ]
```

if 文では前述のファイルに関する演算子を用いて条件分岐が出来ます．以下，`output.dat` が存在するかどうかを判定する場合の例を示します．

―――――――――― output.dat が存在するかどうかの判定 ――――――――――

```
FILE='output.dat'
if [ -e "$FILE" ]; then
  output.dat が存在する時の処理
else
  output.dat が存在しない時の処理
fi
```

8.2 if 文による多段階の分岐処理

分岐が複数に渡る場合は，繰り返しで条件式を繋げて処理を行えます．

―――――――――――――― 多段階の分岐処理の文法 ――――――――――――――

```
if [ 条件式 1 ]; then
    処理 1
elif [ 条件式 2 ]; then
    処理 2
else
    処理 3
fi
```

elif を追加していくことで，さらに多段階の分岐処理を行えます．

8.3 case 文による多岐の分岐処理

条件が多岐にわたる場合には，case 文を使う事で分岐できます．

```
                     ── case 文の文法 ──
  case 値 in
      条件 1 ) 処理 1 ;;
      条件 2 ) 処理 2 ;;
      （途中略）
      条件 n ) 処理 n ;;
  esac
```

各々の処理は ;; で終了し，最後に case を逆さにした esac を記します．

8.4　select 文による対話的な処理

　シェルスクリプトを実行する際，多岐分岐といえども case 文は前もって定義した条件により後の処理が決まります．case 文とは異なり，条件を最初に定義せず，利用者が後で入力した項目により処理を行うという事がシェルスクリプトでは簡単にできます．
　ここで用いるのは select 文です．

```
                     ── select 文の文法 ──
  select 変数 in リスト
  do
      変数に応じた処理
  done
```

適当にサンプルプログラムを書いてみます．

```
                        ── select.sh ──
  PS3='Which one?'
  FRUIT_LIST="Orange Apple Grape Peach"
  select selection in $FRUIT_LIST; do
      echo "$selection is good!"
      break
  done
```

　PS3 はプロンプト変数です．このプログラムを実行すると以下のような表示がなされます．

```
┌─────────────────── selech.sh の実行例 ───────────────────┐
│                                                          │
│  $ ./select.sh                                           │
│  1) Orange                                               │
│  2) Apple                                                │
│  3) Grape                                                │
│  4) Peach                                                │
│  Which one?                                              │
│                                                          │
└──────────────────────────────────────────────────────────┘
```

"Which one?" は PS3 で定義した通りのメッセージです．ここで番号を入力し，エンターキーを押します．例えば 1 を入力してエンターキーを押すと，変数 selection に Orange という文字列が格納され，

Orange is good!

というメッセージが表示されて終了します．break 文を実行しないと，select の部分は無限ループになってしまいます．

9 サブシェル

シェルスクリプトで，一時的にディレクトリや環境を設定する変数を変更して処理を進めたいとき，元に戻す設定を行うのは手間がかかります．そこで，シェルスクリプトでは**サブシェル**（あるいは子シェル）といわれる方法が用意されています．

サブシェルで実行したい処理の前に（をつけて，後に）をつけます．例えば，一時的にディレクトリを /tmp に変更して何か処理を行いたい場合は以下のようにします．

```
┌─────────────────── サブシェルの例 ───────────────────┐
│                                                      │
│  (                                                   │
│      cd /tmp                                         │
│      /tmp 内でのいろいろな処理                        │
│  )                                                   │
│                                                      │
└──────────────────────────────────────────────────────┘
```

このようにしておくと，/tmp 内でのいろいろな処理を終えた後で，ディレクトリは元の位置に戻って次の処理を進めます．

サブシェルを起動するたびに bash のプロセスが起動し，新たなプロセスの中で（と）の中に書かれた処理が実行されます．このため，元のシェルスクリプトのプロセスで設定しているディレクトリや環境に影響が及びません．

）の後ろに & を付けておくと，サブシェルでの処理はバックグラウンドでなされます．重い処理のコマンドを実行して，終わったら特定のファイルに出力するような作業も可能です．

サブシェルの中にさらにサブシェルを使うという，入れ子の構造も可能です．その場合は，かっこでくくった処理の中で，さらにかっこで処理をくくって実行します．

10 シェルスクリプトで使うその他のコマンド

10.1 コメントを付ける

シェルスクリプトを作成して長期間放置していた場合に,「そのシェルスクリプトはどのように動作するのか」を忘れてしまうことがあるでしょう. 忘れないようにするにはシェルスクリプトにコメント文を記述することが有用です.

コメント文の書き方は, 文の先頭に#をつけるだけです. シェルスクリプト実行時に, #以降の文は無視されて, 次の行の処理に進みます.

行の途中でもコメントをつけることができます. コメントをつけたい行の処理の後に#をつければ, 以降の記述はコメントとみなされます.

10.2 エラー発生時の処理

シェルスクリプトで処理を進めている時に, 正常に動作がしないことがあります. 後述のデバッグによる書式のエラーをチェックすることで間違いは解消できますが, 例えばディレクトリを移動する cd コマンドが実行できなかった場合には, エラーが発生して処理が止まってしまいます.

エラーが発生した場合に, その後の処理をどうするかという設定がいくつかあります. 以下で *command1*, *command2* を実行する場合の結果を示します.

- *command1* ; *command2*
  command1 の結果によらず *command2* を実行します.
- *command1* && *command2*
  command1 が正常に実行された時だけ, *command2* を実行します.
- *command1* || *command2*
  command1 の実行が失敗した時だけ, *command2* を実行します.

10.3 バックグラウンドで処理を実行し, 次の処理に進む

シェルスクリプトの処理は上から順序通りに進めるわけですが, 最近の CPU のように複数のコアを持つ場合には, 同時並行で複雑な処理を行うことで実行時間の短縮が図れることがあります. もちろん. 同時並行で進めても問題ない処理でなければ, 同時並行で進めてはなりません.

例えば *command1* を実行しているときに, *command2* も実行したい場合には, & を使って, 以下のようにシェルスクリプトを記述します.

command1 &
command2

28

このように記述すると，*command1* はバックグラウンドで実行され，*command2* の実行に移行します[*12].

10.4 処理を待機する

5.4 において，ファイルに関する演算子を説明しました．シェルスクリプトである実行ファイルを実行して，実行ファイルから出力されるファイルの有無で次の処理に進むという場合には，演算子を使えばいいでしょう．しかし，例えば出力されるファイルサイズが大きく，完全に出力されるまで処理を進めたくないという場合はどうでしょう．ファイルが存在するかどうかだけで判断すると，ファイルの書き込みが終了していない場合があるので不適切です．ファイルサイズが変化していないかどうかチェックをしながら判断するのでもいいですが，簡易的な方法があります．

シェルスクリプトでは，**sleep** というコマンドがあります．指定された時間だけ処理を待機します．

sleep *time*

time のところには待機したい秒数を入力してください．小数も使えます．*time* を 60 にすれば，60 秒間待機します．

もし，シェルスクリプト内で実行した，バックグラウンドで動作している処理が終了するまで待つならば，**wait** というコマンドを使うといいでしょう．

――――― wait の使用例 ―――――

command1 &
command2 &
wait *command3*

上記のようなシェルスクリプトを実行すると，*command1*，*command2* をバックグラウンドで処理し，両方とも終わったら *command3* を実行します．

10.5 引数の文字列をコマンドラインとして解釈する

シェルスクリプトの処理は記述した通りになされますが，実行途中の結果に応じて動的に変化させることもできます．例えば，ある処理の実行結果として表示された文字列を，コマンドとして実行することです．この際に使用するのが **eval** です．「評価 (evaluation)」の省略形です．

eval *command*

上記のように記述すると，*command* の実行結果として現れた文字列（*command* そのも

[*12] 処理をバックグラウンドに移行するか，あるいはバックグラウンドから復帰させるにはそれぞれ **bg**, **fg** というコマンドがあります．詳細は別の文献などをご覧ください．

のではありません）をコマンドと認識して，実行します．もし，ある変数 *val* にコマンドとして実行できる文字列が代入されていたとしたら，以下のようにすればその文字列はコマンドとして実行されます．

eval $*val*

eval のさらに便利な使い方として，文字列に埋め込まれた変数を展開して実行できるというものがあります．

```
───────── eval による展開の例 ─────────

path=/opt/local/test
cmd='${path}/foo.sh'
eval $(echo ${cmd})
```

これは /opt/local/test/foo.sh を実行するシェルスクリプトですが，単に ${cmd} を実行しただけでは ${path} の部分の変数が展開されず，エラーになってしまいます．シェルスクリプトを実行する際，引数を変数に代入した後でコマンドとして実行する際にも，eval は重宝するでしょう．

ただし，eval はいかなる文字列でもコマンドとして認識し実行してしまうので，出どころの知れない怪しいデータに対して実行すると，非常に危険な事になる恐れがあります．例えばデータに

rm -rf /

などと書かれていた場合に，うっかり eval で実行するとファイル全消去が実行されます．信頼できるデータに対して eval を使用するようにしてください．

11　シェルスクリプトのデバッグなど

複雑な処理をシェルスクリプトで行なおうとして，長いシェルスクリプトを記述した時，想定通りの実行がなされず，エラーが表示されることがあります．シェルスクリプトを見直して誤りを直せばいいのですが，長いものですと手作業で見直すのは大変な労力を要します．そこで，Bash のデバッガを利用してシェルスクリプトのデバッグを行います．オプションを付けてシェルスクリプトを実行します．

表 15　デバッグに関するオプション

変数名	内容
-u	未定義の変数がないかどうか調べます．
-x	実行内容の概略を示します．
-v	実行するコマンドをそのまま表示します．

例えば 2.6 で示した *1234.sh* のデバッグを試みるとします．

```
bash -u 1234.sh
```

上記のように実行すると，3 行目の演算のエラーと 4 行目の z の未定義が指摘されます．

```
bash -x 1234.sh
```

このオプションでは，3 行目の構文エラー（小数の足し算はそのままできない）を表示します．この時に，行数の書式を表示する変数 PS4 を設定します．デバッグを行いたいシェルスクリプトの先頭に

```
PS4='$LINENO: '
```

を記述しておけば，何行目でどのような処理がなされているかが分かりやすくなります．-v の場合は順序通りにスクリプトを実行してエラーが発生する行を表示して最後まで終了します．

　デバッガを使う確認以外にも注意点があります．シェルスクリプトを cron などで定期的に自動実行する場合には注意が必要です．まず，シェルスクリプトを実行する環境で，PATH 変数で指定されたコマンドを実行しているかどうか確認してください．指定されていないとエラーを発生し実行できません．入出力のファイルについても，パスに誤りがないか確認してください．特に相対パスを使う場合は注意が必要です．シェルスクリプトの中で cd コマンドでディレクトリを移動する際にも，どのディレクトリを起点としてどのような操作をするのか，自動実行の前には必ずテストをしてください．

12 あとがき

　本書では Linux などのターミナルで用いるシェルスクリプトについて，基本的な事項と簡単なコマンドをなるべく少なめに載せています．シェルスクリプトを組み合わせていくと，非常に複雑，高度な処理も自動化できます．さらにに発展したい事に取り組みたい方には，シェルスクリプトに関する様々な本が出版されていますので，次はそちらをお読みいただければと思います．

　本書を読んだ後でさらに Linux について学びたい方に，お勧めの文献や Web サイトをいくつか挙げておきます．

1. 入門 Bash 第 3 版（C. Newham, B. Rosenblatt 著，株式会社クイープ訳，オライリージャパン，2005 年）
   定番の書籍です．非常に詳しいのですが，やや古いため Bash バージョン 3 までにしか対応していません．
2. 入門 UNIX シェルプログラミング–シェルの基礎から学ぶ UNIX の世界 改訂第 2 版（B. Blinn 著，山下哲典訳，SB クリエイティブ，2003 年）
   シェルスクリプトの入門者が陥りやすい誤りについて，FAQ が詳しいです．
3. 新しいシェルプログラミングの教科書（三宅英明，SB クリエイティブ，2017 年）
   シェルスクリプトでの関数や活用例，デバッグの方法が書かれています．Kindle 版もあります．

4. UNIX シェルスクリプト マスターピース 132（大角祐介, SB クリエイティブ, 2014
   年）
   目的別のシェルスクリプトのサンプルが 132 掲載されている非常に便利な本です.
   Kindle 版もあります.

5. LPI-Japan
   `https://linuc.org/`
   世界共通の「Linux 技術者認定制度」を実施している団体です. アンケートに答え
   ることで Linux 標準教科書など, 様々な教科書を無料でダウンロードできるのでお
   すすめです. シェルスクリプトについても書かれています. じっくり学べば, 世界
   で活躍する Linux エンジニアになるのも夢ではありません.

シェルスクリプト入門の入門

2019 年 4 月 14 日 初版 発行

著 者	茗荷 さくら （みょうが さくら）
発行者	星野 香奈 （ほしの かな）
発行所	同人集合 暗黒通信団 （http://ankokudan.org/d/）
	〒277-8691 千葉県柏局私書箱 54 号 D 係
頒 価	300 円 / ISBN978-4-87310-230-6 C0004

正規に表現されていない乱丁, 落丁本は在庫がある限りお取り
替え致します.

©Copyright 2019 暗黒通信団　　　　　　Printed in Japan

32

ISBN 978-4-87310-230-6
C0004 ¥300E
本体 300 円

THE DARKSIDE COMMUNICATION GROUP